Pour que les fleurs s'épanouissent toujours dans le jardin et le cœur d'Emmy. Christine.

À Wan, qui a le mot pour rire, les mots justes, les mots doux et les mots-valises pour partir avec moi. Izou.

Dépôt légal : 4e trimestre 2011
ISBN : 978-2-7338-1854-1
Direction générale : Gauthier Auzou
Direction éditoriale : July Zaglia
Fabrication : Olivier Calvet
Photogravure : Quatcoul'

Imprimé en Chine.

www.auzou.fr

La révolte des mots

Texte de Christine Pompéi
Illustrations de Izou

AUZOU

N° 83

Dans la salle des pas perdus, c'est la cohue. On se pousse, on se presse, mais sans un mot ! Le couvre-mots a été déclaré, par ordre du roi Pompeux 1er !

Il ne veut plus entendre parler ! Plus un mot ne doit être prononcé, ni même chuchoté ou susurré !

C'est interdit !

Au royaume, les mots sont désormais bannis !

Pourtant, il fut un temps où les mots avaient une place de choix. Le roi, en effet, aimait s'écouter parler et prononçait toujours de longs discours devant la foule rassemblée.

Il aimait employer des mots compliqués et faire de longues phraaaases interminaaaables. Le public le regardait, souvent subjugué, avec des yeux étonnés.
Ah, comme il savait bien parler, le roi Pompeux 1er !

Il est vrai que le roi aimait les mots, un peu, beaucoup et même trop ! Les mots étaient son obsession et le roi devint bientôt un donneur de leçons !

BEE
BEe
Bee

Tout le monde devait parler clairement et distinctement, mettre le ton, choisir son vocabulaire et surtout ne jamais employer de mots ordinaires ! On ne dirait plus « s'asseoir sur son derrière », bien trop vulgaire, mais « se mettre sur son séant », bien plus élégant.

Au fil du temps, le roi devint de plus en plus sévère et carrément autoritaire ! Seules trouvaient grâce à ses yeux les phrases à rallonge avec des verbes compliqués à conjuguer, et des mots composés, difficiles à articuler. Il fallait les prononcer le plus distinctement, le plus élégamment et le plus rapidement possible, sans que la langue ne se mette à fourcher, sinon on devait tout recommencer !

Le roi décida donc de faire surveiller ses sujets. Au moindre mot écorché ou mal prononcé, c'était la prison assurée ! Et les cachots du royaume se remplissaient pour un mot bafouillé, une phrase baragouinée, un zézaiement insensé ou pire un bégaiement apeuré !

Ordre de Pompeux 1er !

Mais le roi ne s'arrêta pas là ! Il s'attaqua ensuite aux enfants. Dès leur plus jeune âge, ils devaient être sages comme des images, parler comme des grands, et surtout pas en rigolant ni en gloussant. Ils devaient réciter des poèmes de cent pages sans se tromper d'une syllabe !

La dictature des mots était née. Et c'était devenu invivable, insupportable, intolérable !

Parler devint un vrai cauchemar. On avait toujours peur de se tromper, de ne pas employer le mot savant au bon moment. Certains s'étaient résignés à ne plus parler, tandis que d'autres tremblaient à chaque phrase.

Et puis un jour, les mots en eurent assez d'être ainsi traités !

Les petits mots en voulaient au roi de ne plus être proférés, et pour les longs mots utilisés à tire-larigot, c'en était trop ! À force d'être prononcés à tort et à travers, les mots donc se révoltèrent !

Par une nuit sans lune, tous les mots s'étaient rassemblés. Ils étaient devenus durs, cassants, blessants, prêts à tout ! Certains mots étaient comme enragés et voulaient à tout prix se venger. D'autres étaient devenus sauvages et tentaient de s'échapper à la nage.

D3KÉPLOA

Devant cette rébellion, le roi voulut réagir, mais il n'en eut pas le temps.
Un mot se jeta sur lui. Il ouvrit la bouche pour crier, mais le mot s'engouffra. Le roi l'avala de travers. Et il eut beau tousser, tousser et encore tousser, le mot resta dans sa gorge, coincé !

C'en était fini des longs discours de Pompeux 1er.
Au cours de cette nuit agitée, les mots quittèrent un à un le royaume, sans se retourner.

Au petit matin, le couvre-mots avait été déclaré.

Les habitants se réveillèrent donc sans mot dire, la bouche fermée, comme scellée par un pansement transparent. Tous avaient été blessés plus ou moins grièvement, attaqués par des mots révoltés, tous, sauf Emmy.

La princesse Emmy vivait dans une tour carrée, loin du tumulte du royaume. Les mots n'avaient pas osé l'importuner, car ils ne connaissaient pas la princesse.

Emmy n'avait jamais parlé.

tNu
AESHS
RCAV

La bouche d'Emmy ne parlait pas, mais ses yeux et son sourire en disaient long. Le lendemain de la révolte des mots, Emmy se promenait comme chaque jour sur la plage et c'est là qu'elle découvrit sur le rivage des petits mots blessés et écorchés qui n'avaient pas réussi à prendre le large.

Elle glissa ces petits mots dans la poche de son manteau.

Il y avait un MECI un peu cabossé qui avait perdu son R dans la bataille, et puis aussi un SOLEIL et un CAILLOU. Elle les déchiffra lentement, puis les prononça délicatement, tendrement, du bout des dents.

Devant le désarroi du roi son père et des habitants, Emmy décida de les aider. Les mots avaient déserté, il fallait les ramener. Et elle était la seule à pouvoir les apprivoiser. D'elle, ils ne se méfieraient pas, et à force de patience, elle saurait les convaincre de rentrer.

Avec son petit baluchon et ses trois mots en poche, elle attendait donc son train dans la salle des pas perdus. À ses côtés se tenaient un poète fou de désespoir et un savant broyant des idées noires. Sans les mots, ils n'étaient plus rien. Ils montèrent tous les trois dans le train.

Avec ses grands yeux, Emmy admirait le paysage. C'était son premier grand voyage. Dans le compartiment, le poète et le savant se fixaient tristement.

Quand le train s'arrêta, Emmy en descendit. Mais elle ne pouvait laisser le poète et le savant ainsi. Alors, avant de partir, elle leur offrit en cadeau un de ses petits mots. Elle choisit le SOLEIL qui fait tant de merveilles et fit jaillir des étincelles dans les yeux du poète et du savant.

1

120

Il ne restait à Emmy que deux mots. Ce ne serait pas facile de voyager ainsi, mais Emmy se débrouillerait, comme elle l'avait toujours fait.

Elle marcha longtemps et arriva dans un petit port de pêche. Il était encore tôt et seul un vieux pêcheur s'apprêtait à embarquer. Il fit signe à Emmy qu'il voulait bien l'emmener. Bercée par le roulis des vagues, Emmy s'endormit, mais fut bientôt réveillée par une tempête. Le bateau était chahuté de tous côtés.

Emmy s'accrochait, mais le bateau tanguait et de sa poche s'échappa un petit mot. C'était le CAILLOU qui roula dans la barque et fut happé par une vague. Il coula au fond des flots.

Quand enfin la mer se calma, le pêcheur sortit
sa canne à pêche. Pourvu qu'il rattrape
mon CAILLOU, se disait Emmy !

Hélas le CAILLOU était introuvable !
Pourtant, le fil de la canne se tendit !
Le pêcheur tenait une prise !

Une lueur d'espoir brilla dans les yeux d'Emmy
et s'illumina de plus belle, quand elle découvrit
une bouteille jetée à la mer par un amoureux transi.
La bouteille contenait une lettre d'amour avec des mots doux
qui dansaient sur le papier. Emmy n'aurait pu rêver mieux.
Elle glissa la lettre dans sa poche, un sourire au fond des yeux.

CLI. 40-20

Le pêcheur déposa Emmy dans une petite crique.
Elle suivit un sentier qui menait à un village.
C'était jour de marché. Il y avait des marchands
de fruits et légumes et des pêcheurs qui vendaient
leurs poissons à la criée.

Tous parlaient vite et fort.
Emmy en avait le tournis.
Les mots se bousculaient et se cognaient dans sa tête. Soudain, au détour d'une allée, une musique retentit. C'était un magicien qui jouait de l'orgue de Barbarie.

6
R M E U A

Emmy l'écouta bouche bée, comme emportée par la musique. À la fin du morceau, le magicien sortit trois mots de son chapeau qu'il offrit à Emmy :

MAGIE ESPOIR PAILLETTES

C'était pour la remercier car, disait-il, les yeux d'Emmy lui avaient parlé et ce qu'ils lui avaient dit n'avait pas de prix.

Emmy lui offrit son MECI. Il était un peu cabossé, mais le magicien saurait le réparer. Elle repartit donc avec trois nouveaux mots, des jolis mots qui résonnaient dans la tête d'Emmy comme une douce mélodie.

N PE
rais

Emmy traversa de nombreux pays et fit de merveilleuses rencontres. Elle apprit de nouveaux mots et remplit son baluchon, petit à petit. Elle appréciait chaque mot à sa juste valeur et pour les prononcer, elle y mettait tout son cœur.

Puis, un jour, elle décida de rentrer.

Quand elle arriva au royaume, rien n'avait changé.
Pas un mot n'avait été prononcé durant toutes ces années.

Elle ouvrit alors son baluchon et les mots s'envolèrent…

Certains se précipitèrent dans la cour de récréation,
d'autres débarquèrent au milieu des réunions,
ils s'engouffraient dans les maisons d'où jaillissaient
des flots de conversation.

Emmy regardait les mots voltiger et tourbillonner
dans les airs.

Le roi était si fier ! Emmy avait réussi !

Elle allait rentrer au château, quand elle fut attirée par un doux parfum. Cela venait du jardin. Emmy fut émerveillée par tant de beauté. Le jardin regorgeait de fleurs aux mille couleurs.

Le jardinier sourit à Emmy et lui offrit un bouquet de lilas. Emmy respira son parfum délicat, puis ouvrit ses mains, laissant s'échapper les derniers mots.

La MAGIE et l'ESPOIR papillonnèrent autour du bouquet et les PAILLETTES se fixèrent à jamais dans les yeux d'Emmy et de son jardinier.

Quant aux mots doux de la lettre d'amour, elle les sema dans le jardin, au gré du vent. Et, depuis ce jour, à chaque printemps, de nouvelles fleurs renaissent, délivrant au passage des messages d'amour au parfum de velours.

v a u t O R P